ANNIVERSAIRE

DE LA

MORT DE Mme PAILLOUX

Décédée le 6 Juin 1864.

Dimanche dernier, 11 juin, une foule nombreuse, accourue de la ville et des campagnes environnantes, se trouvait réunie à St-Ambreuil, pour y vénérer la mémoire de Mme Pailloux, bienfaitrice de cette commune, dont on célébrait, ce jour-là, le service anniversaire. Telle était l'affluence que l'église ne put la contenir. Après les prières d'usage, on se rendit au tombeau de la défunte, élevé dans le jardin même de M. Pailloux, et là, autour de la chapelle sépulcrale, que domine un joli dôme de verdure, la population prit place en ordre et en silence.

Comme nous l'avons dit, les communes environnantes étaient toutes représentées à cette cérémonie funèbre. On y remarquait surtout : le conseil municipal de Saint-Ambreuil, les membres du bureau de bienfaisance, la corporation des chevaliers de l'arc, la société de secours mutuels des cultivateurs qui vient de s'y fonder sous les plus heureux auspices, celle de Saint-Cyr, déjà fière de sa prospérité ayant à sa tête M. Passerat, son digne président; l'école des filles de St-Ambreuil, appelée à profiter des bienfaits de Mme Pailloux, celle de Varennes-le-Grand; les élèves de l'Institution Notre-Dame de Saint-Pierre de Chalon, M. Jules Pertus, professeur, homme de lettres.

L'office religieux terminé, deux discours furent prononcés du haut de la plate-forme qui domine le monument funèbre: l'un par M. Moindrot, instituteur, au nom du conseil municipal; l'autre, par M. Jules Pertus, dont nos lecteurs ont déjà apprécié le talent poétique. Le jeune orateur, en retraçant la vie de Mme Pailloux, en retraçant ses vertus et ses bienfaits, a ému plus d'un cœur et fait couler bien des larmes. Au moment où s'achevait son discours, les élèves de l'institution Notre Dame de-St-Pierre ont déposé sur la tombe une couronne, au centre de laquelle avait été tracée cette épitaphe qui termine le discours de M. Jules Pertus :

« Humblement aujourd'hui j'ai prié sur ta tombe,
» Et, tandis que l'écho publiait tes vertus,
   » Je me suis dit: C'est vrai le corps succombe,
» Mais un cœur aussi beau vit lorsqu'il ne bat plus ! »
» Oui ton âme brillante est l'*Ange tutélaire*
» Qui couvre Saint-Ambreuil de ses nombreux bienfaits,
   » Et quoique loin de notre sphère,
» Tu le bénis du haut de la céleste paix ! »

Des morceaux de musique instrumentale et religieuse ont été exécutés par le corps musical de St Cyr, avec un ensemble digne d'éloges. Mlle Litaud, des environs de Cluny, dont la mère et la sœur se dévouent vraiment au service de M. Pailloux, et qu'un sentiment de reconnaissance avait conduite à cette cérémonie, a chanté un solo approprié à la circonstance avec une voix modeste, mais tout-à-fait digne d'éloges. L'institution Notre-Dame de St-Pierre, de Chalon, a psalmodié ensuite une prière, qui a vivement touché les assistants. Puis les écoles de filles de St-Ambreuil et de Varennes ont également fait entendre des chants et déposé de nombreuses couronnes sur la tombe.

Enfin, M. Pailloux, avec l'élan d'un cœur profondément ému, a remercié cette nombreuse assistance du tribut de reconnaissance qu'elle était venue offrir à la mémoire de sa chère épouse, et a exposé, que suivant les vues de son testament, elle n'avait pas seulement songé à pourvoir au bien-être matériel de la classe agricole, mais à favoriser l'instruction de la jeunesse et l'union fraternelle que développent chaque jour les sociétés de secours mutuels, conviant les membres de celles qui étaient ici présentes à cimenter entre eux les liens d'une alliance immuable.

Un bon souvenir, et un enseignement profond ressortiront de cette journée.

(Extrait du Courrier de Saône-et-Loire, du 17 juin 1865).

NOTA. — Cet empressement à rendre hommage à celle

qui a semé tant de bienfaits, se justifie du reste par un registre de visiteurs qui s'est couvert de signatures, parmi lesquelles on lit les noms les plus modestes et les plus honorables.

Annonce Pastorale de M. BOURDON,

CURÉ DE SAINT-AMBREUIL.

Le 4 juin, jour de la Pentecôte, M. le Curé de Saint-Ambreuil a adressé à ses Paroissiens ces quelques paroles :

« Mardi prochain, 6 courant, est le jour anniversaire de la mort de Mme Pailloux-Haumonté, bienfaitrice de l'Église et de la commune de Saint-Ambreuil.

» Mardi, à 7 h. 1/2, pour remplir les pieuses intentions de cette digne Dame et nous acquitter d'un devoir que nous prescrit la reconnaissance, nous ferons, pour le repos de l'âme de notre Bienfaitrice, un service solennel. Nous chanterons d'abord les *Laudes* de l'office des morts; elles seront suivies de la Sainte-Messe et de l'absoute autour du catafalque avec les prières d'usage.

» A cette occasion, permettez-moi de vous dire : que la mémoire de ceux qui nous ont fait du bien doit nous être chère. Quand ils sont vivants, nous devons leur en témoigner notre gratitude; quand ils ne sont plus de ce monde, notre gratitude doit se manifester encore. Mardi, j'espère donc vous voir en grand nombre à la Sainte-Messe célébrée pour Mme Pailloux. C'est un devoir, vous le comprenez, accomplissez-le !

» Ce que je vous demande pour mardi, je vous le demande aussi pour dimanche prochain, 11 courant, jour de l'offerte que nous ferons pour cette bonne Dame, conformément à l'usage. — Cette offerte aura lieu dans un service célébré pour elle à 3 heures. Vous y viendrez en grand nombre, j'en suis sûr; vous vous montrerez par là ses dignes enfants adoptifs.

» Mais à ces services célébrés pour Mme Pailloux, apportez, je vous prie, votre cœur et votre âme : Votre cœur, pour aimer celle qui nous a fait du bien, bien que nous comprendrons mieux plus tard, quand nous en verrons les heureux fruits ; votre âme, pour la bénir et verser pour elle devant Dieu de ferventes prières.

» Oui, je vous demande des prières pour Mme Pailloux ; je vous les demande en son nom : c'est le seul tribut que vous puissiez lui offrir, n'y manquez point !

» Vous m'avez compris; montrez-le ! que votre empressement à assister aux services que je vous annonce, soit une consolation pour notre premier Magistrat ! »

Allocution de M. MOINDROT,

Instituteur de la commune,

Au nom du Conseil Municipal.

——oo>●<oo——

Messieurs,

La cérémonie qui vient de s'accomplir nous rappelle un douloureux événement et de grands bienfaits. Il y a un an, la mort de Mme Pailloux vint soudainement plonger dans le deuil la commune de Saint-Ambreuil.

On connaissait à peine, à cette époque, ses dernières dispositions en faveur de notre village, et néanmoins toute la population et une multitude de personnes des communes environnantes se portèrent à ses funérailles.

Aujourd'hui que l'on connaît toute l'étendue de ses

bienfaits, que l'on sait tout ce que la classe agricole lui doit, ne nous étonnons pas de voir la foule accourir de la ville comme de la campagne, pour lui payer sur sa tombe un légitime tribut d'admiration et de reconnaissance.

J'aimerais à vous retracer ici les vertus et les beaux traits de la vie de cette femme de bien ; mais cette tâche ne peut être remplie que par ceux qui ont eu l'honneur de vivre dans son intimité.

Une brochure a été imprimée il y a quelque temps ; c'est là que nous apprendrons à connaître l'élévation de son esprit, la générosité de son cœur, ses sentiments religieux et philanthropiques.

Mme Pailloux était une de ces âmes d'élite qui ne peuvent envisager la misère du pauvre sans en être émue et sans désirer de la soulager.

Elle fut surtout frappée de la triste condition du pauvre cultivateur, qui, réduit par la vieillesse ou les infirmités à ne plus pouvoir travailler, ne sait où trouver du pain et un abri ; qui, souvent, est enlevé à une famille dont il est l'unique soutien, par une maladie, que sa pauvreté ne lui a pas permis de faire traiter : et Mme Pailloux voulut que, dans son pays, il y eut, pour les cultivateurs, un asile des invalides et un médecin pour soigner gratuitement les pauvres.

Souvent aussi le cultivateur a de jeunes enfants qui empêchent leur mère de prendre part à ses travaux champêtres : Mme Pailloux voulut encore que des sœurs de charité prissent soin de ces enfants.

C'est à de telles œuvres que Mme Pailloux consacra la plus grande partie de sa fortune; elle destina le reste à accroître les revenus de notre Église et à doter une école de filles, sans oublier néanmoins des parents éloignés.

Quel usage, Messieurs, des biens que la Providence lui avait donnés ! Et quel noble exemple !

Mais, Mme Pailloux a-t-elle eu seulement l'intention d'accroître le bien-être matériel de notre population? Non. Elle a voulu aussi resserrer les liens qui nous unissent, nous convier tous à une union fraternelle, en nous appelant à participer aux mêmes bienfaits. C'était là un de ses vœux les plus ardents, auquel son honorable époux s'associe et qu'il s'efforce de réaliser depuis qu'il est à la tête de notre commune. A nous de répondre à ses efforts.

Il est animé des mêmes sentiments que Mme Pailloux ; ils ont conçu et médité ensemble leurs projets de bienfaisance. Maintenant il travaille avec un zèle que rien ne saurait affaiblir à réaliser les nobles intentions de son épouse; il a déjà fait beaucoup, et, sous son active impulsion, ses fondations auront bientôt acquis un développement considérable.

Ne vous semble-t-elle pas bien mériter le nom de *bienfaitrice*, que lui a déjà décerné la reconnaissance publique, celle qui a été si généreuse ? ... Nous continuerons à le lui donner, Messieurs ; ses restes mortels seront toujours l'objet de notre vénération ; et, chaque année, comme aujourd'hui, nous nous réunirons autour de son tombeau, pour honorer sa mémoire. Cette solennité annuelle contribuera à fortifier les sentiments de concorde, d'union, de fraternité dont elle a désiré de nous voir animés.

DISCOURS

Prononcé du haut de la Chapelle Sépulcrale de Mme PAILLOUX, le 11 juin 1865, jour du 1er anniversaire de la mort de cette illustre Dame, par M. JULES PERTUS, hommes de lettres, professeur, membre de sociétés savantes.

Salvum est tibi ex illo quod est optimum : DEDISTI.
Ton salut s'est assis sur le plus noble des trônes : tu as donné.
(SÉNÈQUE.)

MESSIEURS,

Au milieu de ce morne silence qui nous environne et qui, pénétrant nos âmes d'un saint et religieux effroi, nous révèle si bien la grandeur de ces profonds mystères que nous cache le voile sombre de la mort, ne devrions-nous pas rester muets et nourrir dans nos cœurs ces grands pensers qui, nous montrant le terme de la vie humaine, nous rattachent à l'Eternité?....

C'est vrai, ces chants de deuil, ces cris de crainte,

de pitié et d'espérance élevés par la bouche des prêtres, ces genoux tremblants appuyés sur la tombe des morts, et ces mains suppliantes tournées vers le ciel devraient nous tenir en suspens, couvrir de larmes nos visages, et anéantir nos voix pour imprimer dans nos cœurs le souvenir sacré de cette cérémonie noble et touchante. C'est vrai ; mais les restes immortels de celle à qui nous sommes fiers de venir consacrer quelques pleurs ne font-ils pas entendre un langage plein de vie? Ne sont-ils point là vivant dans leur gloire et assis sur leur triomphe? Ah! messieurs! ils se montrent à nous radieux, ils nous découvrent en ce moment leur magnificence, et s'ils ne s'expriment eux-mêmes, j'entends en tressaillant les soupirs de la terre et les concerts des anges me dévoiler les admirables vertus dont ils ont été les temples. Ce sont ces voix terrestres, ce sont ces chants du ciel qui ont ici guidé mes pas pour m'apprendre à connaître cette âme sublime que mes yeux hélas! n'ont jamais eu le bonheur de contempler.

Que ne l'ai-je vue, cette femme forte qui sut réunir à la fois tant de vertus et tant de grandeur d'âme; aujourd'hui, ma voix serait plus éloquente, j'entrerais mieux dans l'intimité de sa vie pour en faire ressortir tout ce qu'il y a de beau, de grand et d'admirable. Mais je le sais, vous connaissez déjà ses œuvres, déjà vous leur avez donné des louanges, déjà vous leur avez consacré des soupirs d'admiration alors que une voix émue, mais sympathique (*) s'élevait, il y a un an pour la première

(*) M. Moindrot.

fois afin de retracer au pied même du cercueil qui venait de voiler pour toujours ce corps béni, les bienfaits immuables de celle que vous venez tous pleurer.

Permettez-moi donc, Messieurs, d'élever à mon tour quelques accents à la mémoire impérissable de Mme Pailloux tandis que nous célébrons avec piété le premier anniversaire funèbre de ce triste jour qui l'a ravie soudain à l'amour de ceux qui voyaient en elle une mère.

Que ma présence, Messieurs, ne vous paraisse pas étrange ; je suis le délégué de ces Muses qui aiment à chanter sur leur Lyre la noblesse des cœurs, je suis l'interprète de cette jeunesse ardente qui m'environne et qui s'est éprise d'enthousiasme en entendant les échos de l'aurore célébrer l'auguste défunte dont le nom se perpétuera d'âge en âge pour offrir un noble parfum aux habitants de cette contrée. C'est pourquoi ma voix vibrant sous la sainte émotion qui gonfle ma poitrine, je suis heureux de considérer un instant au milieu de vous cette tombe précieuse, qui fait à la fois couler les tendres pleurs du regret et revivre les souris de l'espérance et de la paix ; cette tombe précieuse qui nous montre sous le voile funèbre cette femme forte qui, sans s'inquiéter des troubles, des peines, et des fatigues de ce monde a consacré sa vie à la science et a plongé son cœur dans l'océan de cette philantrhopie radieuse sortie de la main de Dieu même.

Je l'ai dit, Messieurs, Madame Pailloux était une femme forte, comme le dit l'écriture, forte de cœur, d'âme et d'esprit. Toujours et sans relâche elle s'est attachée à ces grandes choses qui distinguent le mortel du milieu de la foule. Oui, elle est une de ces âmes que la Providence envoie en ce monde pour éclairer le grand nombre de celles qui vivent dans l'insouciance. Mais elle ne les envoie ces âmes, et elle n'a envoyé celle dont nous aimons à nous entretenir ici, qu'après les avoir fortifiées en les faisant passer par le creuset des épreuves.

Et d'abord, Messieurs, quels ont été les premiers pas dans la vie de l'auguste et vénérable dame Pailloux ? Le six septembre 1812 recueillait avec soin dans les échos de la Champagne les premiers vagissements d'une frêle enfant, la joie alors et l'honneur aujourd'hui de la noble famille Haumonté. Mais hélas ! quelques larmes entremêlaient ces tendres vagissements ; elle paraissait chercher quelque chose qu'elle ne pouvait trouver. Son œil enfin s'ouvrit, il regardait partout avec amour et anxiété, mais, ô douleur, il ne vit point de mère sourire à son sourire. Bientôt sa voix se fit entendre, et sur ses lèvres, ô grand Dieu ! venait expirer sans échos le mot le plus doux et le plus consolant que puisse prononcer un enfant ; ma mère ! ma mère !..... mais point de mère ne répondait à son appel touchant, la mort impitoyable s'était levée presqu'au jour de la naissance de cette pauvre enfant, pour précipiter sous les racines du sombre cyprès celle qui lui donnait le jour.

O source pénible d'amertume ! que n'a-t-elle pas dû souffrir à ce triste et douloureux souvenir ! « *Tandis que* j'entrais dans le monde, j'ai senti le sein de ma mère se raidir sous le froid glacé des morts !! O larmes cuisantes, angoisses et sanglots, comment n'avez-vous pas, en débordant son cœur, étouffé sa propre existence ?... Ah ! c'est qu'elle s'est appuyée sur la force de Dieu, c'est qu'elle a retourné ses regards sur le tendre visage de son père, et que, résignée à la volonté du Ciel, elle a reversé sur le cœur paternel toute cette affection filiale qui lui faisait souvent porter des soupirs vers le mausolée de sa mère.

Oh ! je comprends maintenant la parole du Philosophe romain : « *Non in mari tantum aut in prælio vir forti apparet* (*). » *Ce n'est pas seulement sur les mers en courroux ou dans le danger des combats que se montre le courage de l'homme*, mais il paraît avec éclat lorsque l'adversité le frappe, il se montre avec grandeur lorsque la calamité l'assiége : *Calamitas virtutis est occasio !* (**)

Imbue de cette force dont la revêtait l'Être suprême, elle la développa sous les soins assidus de son aïeule maternelle, Mme Godard, devenue ensuite, après un second mariage, la vénérable dame Léger, femme admirée de tous ceux qui ont eu le bonheur de la connaître, et véritable protectrice de l'indigent, car elle sut faire honneur au corps des dames de charité de Troyes, dont elle faisait partie. C'est sous ce noble et tendre regard que s'affermirent ses premiers pas ; mais plus tard elle alla enrichir et fortifier son esprit dans l'un des

(*) Sénèque.
(**) Sénèque.

premiers pensionnats de la capitale, sous la direction des savants professeurs du collége de Ste-Barbe. C'est alors que nous retrouvons notre illustre défunte avec ce caractère admirable qu'elle n'a fait que fertiliser jusqu'à son dernier jour Riche en vertus, en science et en fortune, un grand nombre lui tendaient la main ; mais son œil observateur, perçant le fond de l'âme de ceux qui briguaient l'honneur de la posséder au pied de l'autel de l'hyménée, elle refusait et attendait avec patience celui que la Providence lui réservait et que son cœur devait choisir.

Jamais un pur soleil ne brille lorsque l'azur se cache derrière les nuages, et quand elle aperçut *le front serein*, que couronnaient la *science* et l'*honneur*, lui tendre affectueusement la main, elle ne craignit point de la lui serrer avec amour. La *vertu* avait rencontré la *vertu*, ils devaient être le bonheur l'un de l'autre. Aussi, a-t-on jamais trouvé deux cœurs qui se soient autant aimés, deux âmes qui se soient mieux comprises, deux esprits qui soient mieux entrés dans l'intelligence l'un de l'autre ? Oui, Mme et M. Pailloux sont bien pour nous un noble modèle d'amour et de fidélité conjugale ! Ensemble ils trouvaient leur bonheur, leurs joies et leurs souris ; ensemble ils sondaient la science ; ensemble ils songeaient à répandre le bien et à le rendre fertile ; ensemble ils considéraient le *néant* de la *terre* et la *grandeur* de l'*Éternité* ; ensemble ils se trouvaient heureux. Ah ! c'est que la vertu est le siége du bonheur : IN VIRTUTE POSITA EST FELICITAS ! (*)

(*) Sénèque.

Appuyée sur le bras de son noble époux, elle entra comme une nouvelle étoile au sein de nos sociétés savantes, et elle ne parut pas sans être digne d'éloges au *Congrès Scientifique de France* et de la *Société Française d'Archéologie* dont elle était membre.

Avec lui elle ne craignait pas de parcourir les contrées de l'Europe pour augmenter ses connaissances et pénétrer plus avant dans le secret de la *Science et de la Nature*. Armée d'un courage plus que virile, on la trouvait tantôt au fond des célèbres mines de Hallein ; tantôt aux ruines de Pompeïa et d'Herculanum ; tantôt sur le Vésuve, au bord même du cratère ; tantôt en Irlande, à la chaussée des Géants ; tantôt en Écosse, au tombeau du spirituel Walter Scott, dont elle admirait le génie, et toujours visitant les lieux consacrés par leurs souvenirs antiques ; contemplant les établissements élevés par les mains de la Philanthropie. Mais, au milieu de ces admirables curiosités que l'œil avide du voyageur n'observe d'habitude que pour en conserver un souvenir confus, elle s'arrêtait en silence, son âme s'élevait, et, avec son tendre époux, elle admirait la grandeur et la sublimité de Dieu ; et quand, au milieu des fatigues que lui causaient ces pénibles voyages, son époux l'invitait à prendre un peu de repos, sa belle âme, toujours pleine du souffle d'en haut, lui faisait dire cette belle parole : « PAS ENCORE, AMI, L'ÉTERNITÉ EST LA POUR ME REPOSER ! » Et, plus que persévérante dans ses labeurs, elle a rapporté de ses excursions lointaines avec son mari, son admirable guide et son phare tutélaire, un véritable musée d'objets d'art, de vestiges de la science que nos esprits aimeront à considérer avec toute l'attention de l'étude.

Sur les bords de la mer, sur le haut des rochers, dans le sein de la terre, et au milieu de ses méditations, ses yeux se tournaient vers le monde, et, penchée près du cœur de son époux, elle songeait à ceux qui n'avaient point son bonheur, et qui pouvaient souffrir. C'est ainsi qu'au sortir de l'extase de ses réflexions profondes, elle traçait conjointement avec son digne époux ces lignes sublimes qu'elle sut réunir, après les avoir mûrement conçues, le 25 janvier 1863, pour en former son admirable testament, chef-d'œuvre de son grand cœur.

O noble Dame, pourquoi donc, tandis que vous jouissiez de la paix, de la santé et du sourire, pensiez-vous à votre mort? Pourquoi au sein même de vos joies songiez-vous à partager votre belle fortune pour assurer tant de bienfaits?.... Ah ! c'est que vous connaissiez ce précepte du philosophe antique : TARDE VELLE, NOLENTIS EST, (*) *vouloir trop tard, c'est ne pas vouloir,* et vous vous êtes hâté ; votre cœur bondissait dans son anxiété, et quand enfin vous eûtes achevé, vous avez souri, et vous vous êtes dit avec votre vertueux époux : « Ami, la nuit nous
» invite au repos, mais, avant tout, repassons en revue
» notre œuvre : je n'ai pas eu malheureusement d'intimité avec mes parents, mais je ne veux pas les oublier,
» quoique éloignés ils auront une part de mon héritage ;
» nos domestiques se souviendront de moi après ma

(*) Sénèque.

» mort; l'Église de notre chère commune priera au
» moins pour moi en souvenir de mon legs; Saint-Am-
» breuil viendra peut-être s'agenouiller chaque année
» sur ma tombe, car ses indigents ne souffriront plus,
» un médecin leur est assuré; les vieillards invalides de
» l'agriculture n'ont plus à s'inquiéter de leurs derniers
» jours; l'enfance enfin et l'adolescence seront l'objet de
» la plus tendre sollicitude. C'est tout, ami, tout est fini,
» nous sommes heureux ! »

O pensées profondes et admirables, vous êtes sorties du cœur des anges !...... Salut vénérable dame Pailloux, vous êtes bien avec votre noble époux les anges tutélaires de la commune de St-Ambreuil et de ses environs, et ce nom de *père* et de *mère* que ses habitants vous donnent, est bien celui qui seul peut désigner votre grande âme ! Cette grande âme qui a vu se développer les germes de sa profonde sagesse sous les nobles et divines inspirations d'un de ces ministres du Seigneur, grand par son esprit, son cœur et son âme, et que nous sommes fier de nommer aujourd'hui, en l'appelant l'apôtre d'Orléans, le noble Évêque Dupanloup: car c'est de ses mains saintes qu'elle a reçu pour la première fois l'heureux pain de l'âme et le Chrême des forts, c'est-à-dire le grand et auguste Sacrement de la Confirmation: ainsi que nous avons eu le bonheur de le remarquer par deux images, qu'elle a su conserver pieusement et avec un soin religieux jusqu'à son dernier jour, témoins fidèles de ces deux grandes actions de sa vie et sur lesquelles nous avons eu l'honneur d'y trouver le paraphe de ce digne et célèbre Prélat.

Ainsi vécut celle que nos pleurs viennent baigner aujourd'hui ; mais un soir (ô calamité profonde !) un grand cri répandit la douleur dans les airs ; la veille encore le front béni de l'auguste Dame s'était montré radieux au sein de ce village, en laissant par son sourire, au milieu de ceux qu'elle nommait ses enfants, la paix et l'espérance. Mais à cette heure, grand Dieu ! l'écho de ce village ne redisait plus que des soupirs et des larmes. La *Mort* ! l'impitoyable *mort* qui frappe sans s'émouvoir le petit innocent qui vagit dans son frêle berceau, l'impitoyable *mort* qui ne craint point de venir affronter la force de l'âge mûr, et qui sans bruit vient égorger le faible vieillard, cette *mort* s'était dressée menaçante, et l'Ange tutélaire de Saint-Ambreuil avait fui de la terre, ne laissant ici-bas qu'un cadavre livide et ses bienfaits vivants.

Ah ! je comprends ce deuil amer, pieux habitants de Saint-Ambreuil ! Oui vous pleurez des larmes d'amour ; vos cris, vos gémissements sont les soupirs ardents de la piété filiale, mais cependant, au milieu de votre tristesse, laissez un sourire de bonheur paraître sur vos fronts : l'Ange de Saint-Ambreuil est mort, mais il n'est point entré dans le tombeau ; il a déchiré le linceul funèbre pour reparaître avec une vie plus brillante et plus belle ; ses bienfaits sont immuables et nombreux, et déjà ils déversent au milieu de vous, par la main de l'homme de bien qui a su les préparer lui-même, les ondes bienfaisantes de la paix du rafraîchissement et des consolations. Oui je le vois cet ange tutélaire, regardez-le, Messieurs, apparaître radieux au-dessus de ce monument funèbre qui renferme ses cendres immortelles. Voyez comme ses bras sont tendus pour vous bénir, tandis que l'œil humide, vous venez courber vos genoux pour prier sur cette terre chérie où, il n'y a que peu de jours, le saint et auguste Pontife de notre illustre diocèse le bienheureux et vénérable Évêque de Marguerye, est venu prier avec bonheur, alors que tenant le Saint-Esprit entre ses mains il le déposait en trésor sur vos têtes ! Non, l'ange tutélaire de Saint-Ambreuil ne pouvait point mourir, il est là rayonnant de gloire. Dites-lui donc avec moi : Salut, ange de paix, vous êtes l'étoile d'or de cette commune ; par vous elle a l'espoir de ne plus ressentir l'orage de l'adversité ; par vous plus d'indigence ; par vous plus de souffrance ! *O gloire à vous, votre salut s'est assis sur le plus noble des trônes, car votre cœur s'est épanché en bienfaits* : SALVUM EST TIBI EX ILLO, QUOD EST OPTIMUM : *dedisti !*

Venez donc, ô vous élus de ses bienfaits, nobles habitants de ce village ; venez, faisant battre vos poitrines des sentiments de la plus ardente gratitude, venez baiser ces restes précieux et proclamer les vertus de la femme forte que vous avez eu le bonheur de posséder parmi vous. DEDISTI : *l'or des bienfaits est tombé de tes mains !* Et c'est pour vous vieillards affaiblis à qui le travail de la terre n'a laissé que la souffrance et les pleurs, car un temple de consolation est ouvert aujourd'hui devant vous. DEDISTI : *l'or des bienfaits est tombé de tes mains !* Et c'est pour vous jeunes vierges timides, car aujourd'hui l'asile du savoir vous appelle en son sein. DEDISTI: *l'or des bienfaits est tombé de tes mains !* Et c'est pour vous, petits enfants qui ne pouvez encore soutenir vos pas. DEDISTI : *l'or des bienfaits est tombé de tes mains !* Prêtres du Seigneur, inclinez-vous, *elle a songé à votre église* ; conservez sa mémoire et bénissez sa tombe, et enseignez à vos brebis ses touchantes et saintes vertus. Enfants et vieillards, venez tous sur cette tombe redire en pleurant et avec amour le nom de celle à qui vous êtes redevables de tant de bonheur.

Et vous qui êtes étrangers à ce village, vous jeunes enfants qui êtes accourus au récit de ces vertus, envieux de vous agenouiller au moins une fois dans votre vie sur une tombe sacrée, allez, remplis des grandes pensées que nous inspire une si noble cérémonie, déposer pieusement sur la pierre funèbre, ces blanches couronnes que je vois suspendues à vos mains virginales ; vous verserez comme nous une larme d'admiration et vous en recevrez un précieux souvenir et une semence de vertus ! Et vous, ô vénérable et vertueux époux de cette femme forte que j'aime à contempler, laissez-moi dans ce moment interrompre vos tendres et affectueuses larmes pour vous prier de me permettre de m'approcher de ce sanctuaire funèbre, afin d'y déposer, avec cette jeunesse attendrie qui m'accompagne (*), une humble

(*) L'Institution Notre Dame de Saint-Pierre de Chalon-sur-Saône.

couronne, témoin fidèle de ces grands sentiments que nous révèle ce jour. Je la prends des mains d'une vierge (*) cette blanche couronne, pour ne la déposer que sur la tombe des vertus, fier de m'écrier avec la noble assemblée qui pieusement m'environne :

« Humblement aujourd'hui j'ai prié sur ta tombe,
» Et, tandis que l'écho publiait tes vertus,
   » Je me suis dit : C'est vrai le corps succombe,
» Mais un cœur aussi beau vit lorsqu'il ne bat plus ! »
» Oui ton âme brillante est l'*Ange tutélaire*
» Qui couvre Saint-Ambreuil de ses nombreux bienfaits,
   » Et quoique loin de notre sphère,
» Tu le bénis du haut de la céleste paix ! »

(*) Une des élèves de l'Institution Notre Dame de Saint-Pierre.

Chalon-sur-Saône, imp. SORDET-MONTALAN.

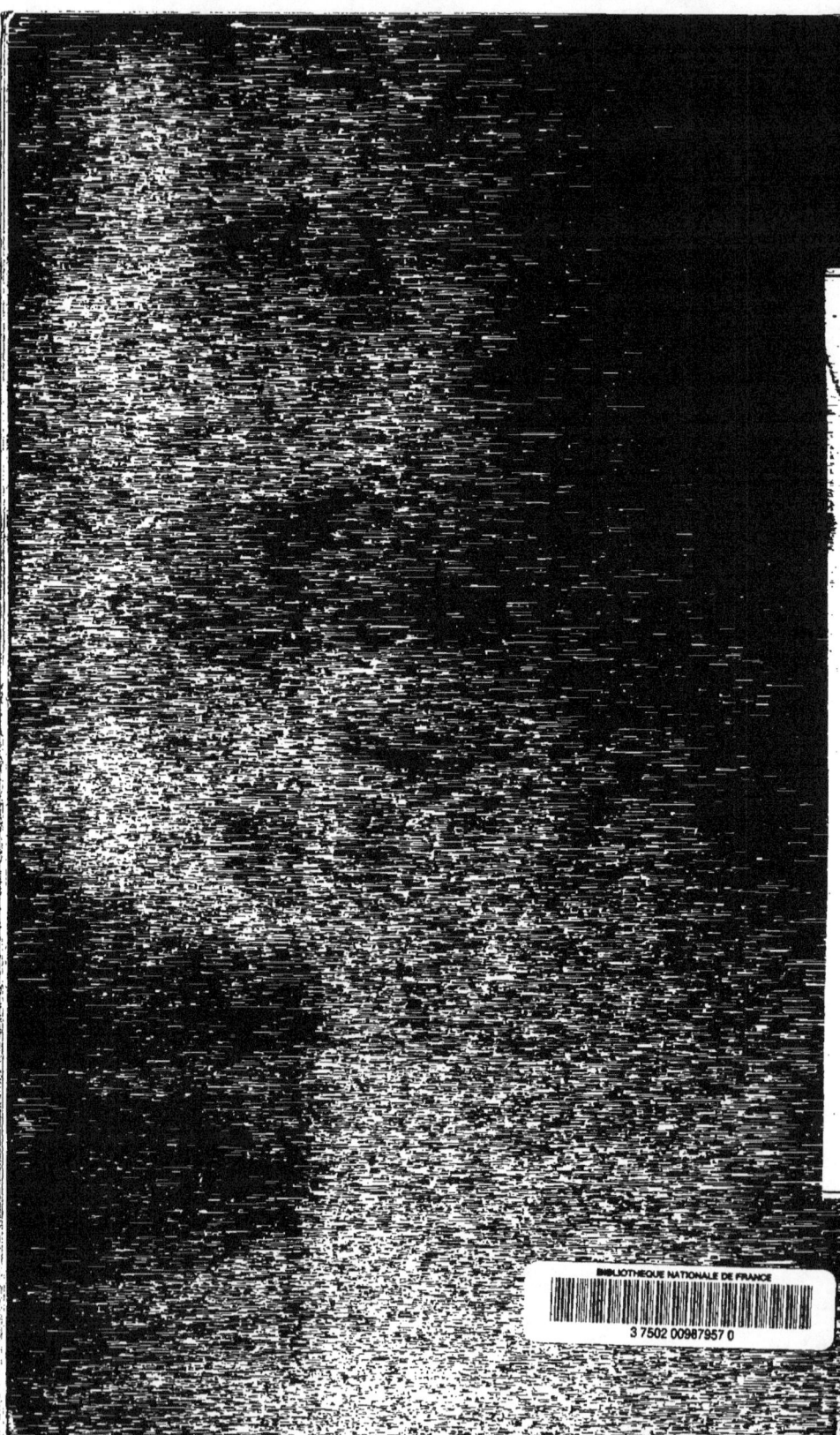

www.ingramcontent.com/pod-product-compliance
Lightning Source LLC
Chambersburg PA
CBHW060553050426
42451CB00011B/1882